동무야

동무야

초판 1쇄 인쇄　2024년 10월 29일
초판 1쇄 발행　2024년 11월 16일

　신고번호　제313-2010-376호
　등록번호　105-91-58839

　　지은이　박연

　　발행처　보민출판사
　　발행인　김국환
　　　기획　김선희
　　　편집　조예슬
　　디자인　다인디자인

　　　ISBN　979-11-6957-245-3　　　03810

　　　주소　경기도 파주시 해올로 11, 우미린더퍼스트@ 상가 2동 109호
　　　전화　070-8615-7449
　　사이트　www.bominbook.com

- 가격은 뒤표지에 있으며, 파본은 구입하신 서점에서 교환해드립니다.
- 이 책은 저작권법에 의하여 보호를 받는 저작물이므로 무단 전재와 복사를 금합니다.

동무야

박연 시집

보민출판사

추천사

　박연 시인의 이번 시집은 인생의 이야기가 담겼다. 전체 61편의 시에서 그가 살아온 궤적을 느끼며 그가 표현한 단상을 살펴보았다. 그간 외길을 걸어오면서 삶의 어려움도 많았으나 나름 잘 견디며 살아왔다고 자부하는 시인을 만난다. 그는 자신의 삶을 진심으로 살았으며 성실하게 살아온 것이다. 이는 자연에 순응하는 것이기도 하여 샌님 같은 표정을 읽을 수 있었다. 또한, 시인이 그려내는 그리움은 지나간 시절에 대한 것들이 많았다. 과거의 시간과 만나면서 자신을 돌아보고 성찰하는 형태라 하겠다. 그가 표현한 세계는 정겹고 따뜻하며 안정적이고 근면 성실하였다. 이에 자신에게 위로와 박수를 보내는 시편도 여럿 보인다. 지금까지 잘 살아온 시인에게 필자도 박수를 보탠다. 시인으로 산다는 것은 자신과 사회를 생각하는 것이다. 시인에게 앞으로 남은 숙제라 하겠다. 또한, 시인으로 산다는 것은 미세한 틈을 보이면서 굶고 있는 어떤 현상을 표현하는 것이다. 이것이 철학이요, 삶이다. 시인의 맑은 영혼을 만나면서 우리 사회가 더 밝고 튼튼해질 것이라 믿는다.

편집위원 **김선희**

축하의 글

 박연 시인의 세 번째 시집 발간을 마음을 모아 축하드립니다. 만학도로서 늦배움을 통해 더 넓고, 높은 시야를 넓혔고, 더 많은 상상력을 키우게 된 것 같습니다. 시인의 심령 속에서 살아나는 영감은 어린아이처럼 순수하고 영롱한 빛을 보게 됩니다. 밤, 동무애, 어머니 등 시를 읽어가면 갈수록 내면 속에 숨어 숨 쉬는 해맑고 환한 미소를 짓게 합니다.
 '어머니'라는 시상 속에서는 어머니의 투박한 솥뚜껑 같은 손등을 느끼게 됩니다. 그 손으로 내 얼굴을 쓰다듬어 주시던 어머니의 손길처럼 소리 없는 '속울음'을 쏟게 합니다. 모든 이들의 영혼을 스며들게 하여 감격하며 살아갈 수 있도록 지속적으로 주옥같은 시집이 출판되길 기도합니다.

시흥소명학교 교장 **신병준**

시인의 말

**"아직도 나는 내 사랑하는 이웃들과
밥숟가락을 나누고 있는가"**

만학도 학생으로서 훈훈했던 학창 시절, 열정의 배움과 오가던 정들이 살아 숨 쉬던 시간들을 끌어모아 물들어 가는 노을 속에 시로 묶어보았습니다. 그리고 넘치게 받았던 그 은혜와 사랑을 이제는 하나님께서 주시는 새로운 삶 속에서 더 큰 사랑으로 키워 전파하는 전달자가 되고자 애쓰려 합니다. 그것이 앞으로의 삶을 살아가라는 주님께서 주시는 소명으로 받아들이려 합니다.

들러 가시는 님이여!

부족한 저의 작품을 한 잔 커피와 함께 담아드립니다.

늘 사랑과 행복이 가득하시길 소망합니다.

감사합니다.

목차

4 _ 추천사
6 _ 축하의 글
7 _ 시인의 말

14 _ 학
15 _ 고백
17 _ 자유로이
20 _ 밤
23 _ 동무야 (1)
25 _ 동무야 (2)
27 _ 동무야 (3)
28 _ 어머니 그 이름은
31 _ 상차림 울어예는
33 _ 사랑을 아네
34 _ 이영균 선생님
36 _ 고도롱 땡땡
37 _ 양말 가게 사장님
40 _ 동무 생각 그리워
43 _ 해보자

46_ 늦은 약속 길에
48_ 빗이여
50_ 모진 한파에
52_ 가위 바위 보 사랑
54_ 과거로 가려 하지 마라
56_ 사랑아
58_ 기다려서 보았습니다
60_ 바람을 끌어안으며
62_ 소중한 사랑
64_ 님에게
66_ 하늘만 아는 소리
69_ 설경 속 기차 (1)
70_ 설경 속 기차 (2)
72_ 새벽 일기
75_ 삶이 힘드셨나요
78_ 반갑다 친구야
80_ 교무실
82_ 2월 1일
84_ 고자질
86_ 명절의 진풍경
89_ 8월 12일 월요일
90_ 삶의 현장에서
92_ 나의 휴일
94_ 사진 속의 여인

95_ 학교야 학교야
 97_ 나비야
 99_ 사랑아 사랑아
101_ 눈꽃
102_ 우정의 동거법
104_ 밤길을 산책하며
105_ 9월 18일 수요일
107_ 꽃 (1)
109_ 꽃 (2)
111_ 短文
112_ 그대에게
114_ 개천절
115_ 서초동에 비둘기 한 쌍
116_ 차 한 잔의 연서
118_ 엄마야 누나야 강변 살자
120_ 향수
122_ 기억에 우는 파랑새
124_ 한 잔 술에
126_ 오늘 커피 맛은
128_ 이웃집 모세 (1)
130_ 이웃집 모세 (2)
132_ 그리운 이여

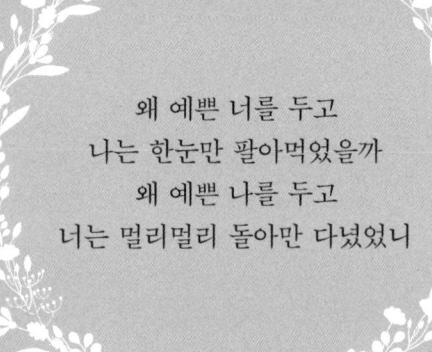

왜 예쁜 너를 두고
나는 한눈만 팔아먹었을까
왜 예쁜 나를 두고
너는 멀리멀리 돌아만 다녔었니

························· 동무야

학

늘어 뺀 고개로 수초에 향기 베어 물고

젖은 걸음 안개에 올려놓은 채

먼 하늘만 먼 하늘만

하얀 선 곱게 접어 올려

아니 감만 못한 길에 향수를 뿌려두고

세월 따라 시간 따라 미련 살이 풀어헤쳐

행여 실수 걸음에 들릴세라

뉘인가 볼세라 숨조차 숨겨두고

시간 밖에 인내를 엮어 걸으며

꺾어도 아니 휠 절개에 곧은 몸으로

교태를 치장하고 나선 너는

울음도 허락 없는 한 마리 학이로다

고백

우격다짐으로 물길을 뛰어올라
고작 자리 잡은 곳 내 손 안에 거주한다

판돈의 거센 몰이 바람도
내 앞에선 겨우 희뿌연 먼지
그저 낙화로세

엊그제 진한 약속은
묵은지 장독대 장인을 자랑삼거늘
가슴 허한 쓸 바람엔 묻은 약속도 없네

새해에 뜨는 해는
두꺼운 얼음장에 핏대를 세워놓고
손가락 아리운 결의를 다지건만

순번을 세워두고 싹틔운 내 약속은

지난해 숨죽인 연인의 걸음걸이보다 못한

피죽 신세에 한숨을 걸어

이내 노숙자의 걸음걸이에 고개를 떨군다

눈동자는 새해를 등쳐 먹인

사기꾼의 일인자를 동행해 가건만

가슴은 절벽에서 죽어간

새 한 마리의 눈알만도 못해

거름 한 짐도 못 져본 가엾은 푸념쟁이꼴

님은 삭힌 내 가슴에 재를 뿌려가고

적선의 두려움을 끌어안은 연인은

새해에 마중 나온 웃음길에 겨우 먹다 남은

피살이 껍데기로 화답을 하네

자유로이

오늘은 한 마리 새가 되자
어디든지 가고 싶은 곳 맘껏 날아다니고 싶다
다양한 구름 친구도 사귀고
불어주는 바람에 새로운 스타일도 만들어 가면서
하늘나라 구석구석 방문도 해 보고
비행기가 남기고 간 꼬리표 따라
한없이 가 보기도 하고
넓은 잔디에 드러누워 쉬기도 하고
바다에서 들려오는 오케스트라 연주에
귀도 기울여보고
벼랑 끝에 피어난 들꽃에게 힘찬 박수도 쳐 주고
저주받은 몸짓으로 악에 받친 열기를
토악질 해 내며
가이 없는 몸부림이 극에 달했던 태양에게

모든 것은 순간일 뿐이야 위로의 말도 건네주고

이제는 가을 여인의 모습으로

스카프 날리는 사연 하나 만들어

추운 겨울이 와도 너무 고독해하지 않을

자신을 만들어보라 조언도 남겨주고

그래도 넌 참 대단한 놈이었어

격찬도 아끼지 아니하며

어느 골짜기 골짜기 숲이 전부인 곳에

제일 키 큰 나무 위에 올라앉아

신나고 즐거워서 잎들이 춤추는

간드러지는 노래를 불러주기도 하고

계곡에 흐르는 물로 목을 적시기도 하며

어쩌다 산 친구 토끼와 다람쥐 노루를 만나면

토끼풀로 도토리로 알밤으로 떡잎으로

한 끼 식사를 마련해 주고

배불러 걸음걸이 게으름에 늑장을 부리면

얼싸안고 드러누워 느려진 낮잠을 함께 청해보자

귀띔도 해 보고

해거름 눈꼬리가 처지면

나는야 그곳이 내 집인 양 자리를 깔아보련다

숲은 나의 보금자리

하늘은 별빛 수놓아진 포근한 이불자락

숲속의 소리는 나의 자장가 소리

이보다 더 근사한 하룻밤 침실이 또 있을까 연구 중

나는 이미 번지수가 다른 동네로 이민을 떠난다

밤

밤은 마술사인가 봅니다

우리에게 곰삭은 이야기와 정겨운 추억과

아름다운 인내와 차분한 시간으로
나를 돌아보게 해 주고

복권에 걸릴 확률의 전화에 가슴이 콩당콩당

떨리는 마음으로 대화가 쉬이 되지 아니하고

신혼집 사랑의 꽃향기가 날려 오기도 합니다

밤은 따뜻한 나의 친구인가 봅니다

글짓기 놀이에 수많은 글을 쓰게 해 주기도 하고

따뜻한 차 한 잔에 고백을 하게 만들기도 하며

때로는 동무랑 기나긴 통화로 수다를 떨기도 하고

때로는 아픔에 겨워 펑펑 울게도 해 주고

소리 없이 말없이 위로도 해 줍니다

밤은 포근한 나의 선생님인가 봅니다

온갖 것에 시달린 무거운 마음 다 내려놓으라
말을 해 주고

내려놓는 방법까지도 알 수 있도록

지혜를 가르쳐 주고

미운 마음 용서하라 배려심도 가르쳐 주며

이해하며 살아가라 숨쉬기 운동도 가르쳐 주고

그래 그렇게 살아가는 거야

한마디 귀띔도 해 줍니다

그래서 밤은 우리에게 없어서는 안 되는

소중한 보물인 것 같습니다

동무야 (1)

동무야 그대 잠시 떠난 자리

나는 울먹인 아이가 되어 찾아 헤매오

눈물 콧물 쌓인 정이

언간에 날로 새로워

된장찌개 수저 담가

휘저은 사랑살이 형제가 부럽잖고

가슴앓이 들은 사연 눈감고 귀 막아

말 없는 꽃이 피네

비좁은 세숫대야 발 담가 다리가 네 개

웃음이 넘치고

소리가 까닭을 물어오니

그 깊은 사연 알려나 줄까나 말까나

새벽도 잠을 팔아 나눠 가지니

동무야 너랑은 내 품속에서 집을 지으렴

동무야 (2)

옛날에 어깨동무는

참새처럼 짹짹짹

웃음꽃만 뒹굴더니

오늘에 동무야 어깨 위엔

눈물꽃 싹이 터서

어느 사이 또 다른 꽃이 피었네

웃음의 꼬리 달고 따라가는

눈물꽃이여

내 동무 쉬어가는 길가에선

눈물은 말고 웃음꽃만 피어주렴

한 송이 말고 두 송이 말고

세상 가득 피어나

동무가 가는 곳곳에 함께 해 주렴

동무야

내 동무야

사랑하는 나의 동무야

혼자 떠나간 그 길에서 돌아와

내 어깨에 기대어

너랑 나랑 오늘은 편안히 쉬어보자꾸나

꿈에서도 다시 만나

못다 한 이야기 모두 다 풀어보자꾸나

동무야 (3)

하나 빼기 하나가

아무것도 없다면

아니 모든 것에서

모든 것을 빼어버려

아무것도 남지 않는다 해도

동무야

너와 나

영이라는 동그라미 안에서

우리는 영원히 함께할 거야

영영 이별할 수 없는

그래 우리는 그렇게 동그란 원 안에서

하나가 되는 거야

어머니 그 이름은

어머니 무르팍에 누운 아이는
떼를 쓰는 법도 모르고 우는 법도 몰라
예쁜 잠을 잡니다

잠들다 무서운 꿈을 꾸어도
어머니 따뜻한 손길에 무서움은
이내 사라지고 맙니다

일찍이 배고픈 법도 배운 적이 없어
아이의 눈빛만 보아도 어머니는 서둘러
솥단지 가득 밥을 지으십니다

어머니가 참 그립습니다

내 어머니는 언제 적 나에게
밥을 지어주신 적이 있으실까요
이 새벽 나는 왜 이렇게 배가 고플까요

눈물을 가득 담아 밥을 지어도
먹고 나면 이내 배가 고파서
지나가는 바람만 멍하니 바라봅니다

갈라진 발바닥 튼 손에 약을 발라도
가슴속 갈라진 틈새는 약으로도 들질 아니하고
낯설은 어머니 그 이름은 눈물로 대신해
입 안에서 맴돌다 사라집니다

그리운 이름 어머니

낯설은 이름 어머니

무엇을 먼저 불러야 할까요?

가슴 가득 에인[1]

마음으로

몸부림치는 나를 달래기도

지치는 밤입니다

어머니 이 새벽 잠 못 드는 딸이 보이시거든

부디 사랑의 손길로 어루만져 주시고

눈물도 용서로 거두어 가 주옵소서

---

1) 에인 : 에이다의 완곡한 표현

상차림 울어예는

수북이 쌓은 밥사발 위엔
주인 잃은 온기가 흐르네

어미의 손때도 흔적이 없고
부름은 이적지 들어본 적이 없다

시간은 무말랭이처럼 비틀어져
타향의 빛 좋은 개살구로 떠돌고

남의 집 부모 이름 훔쳐다가
한 끼 식사를 해치운다

도둑 밥 눈물겨워 차 한 잔 언감생심
저린 발 달아남에 길이 바쁘고

공허한 빈 밥상 늘어진 헛손질

맥 빠진 기운이 칭얼대니

벗에게 일러바쳐 달래나 주라고

오늘 하루 사정을 해 보아야겠다

사랑을 아네

나는 아네

사랑을 아네

웃음으로 배웠네

눈물로 배웠네

침묵으로 배웠네

부끄러움으로 배웠네

깎이고 다져진 언덕 위 꿈동산 나의 학교에서

사랑과 용기와 희망을 배웠네

피투성이 역겨운 삶에

건져낼 꽃 한 송이 품고 있는 향기가 있었네

이영균 선생님

우리 담임 선생님 배는 부풀어 오른 풍선
무엇이 들었을까요

늘 이해하고 사랑하라 하신 말씀에
그 배속엔 날마다 사랑이
하나씩 태어나나 보아요

꺼내어 보면 모두가 예쁠 것만 같아요
얼마나 재미있을까요

사랑의 회초리를 들고
(이씨) 외치시면서 쫓아오시면
우리들은 뿔뿔이 도망을 갑니다

(이리 안 와) 소리치시면

우리들은 숨어서 빼꼼히 고개만 내밀어요

갈까 말까 망설이다

주춤거리며 하나씩 모여들면

선생님은 빙그레 웃으십니다

그러면 우리도 따라 웃지요

선생님 (누가 웃으래) 소리치시면

우리들은 또다시 입을 삐죽거려요

종소리 울려서 돌아서시는 걸음길에

혼자만 미소를 가지고 가세요

고도롱 땡땡

따뜻한 타향살이 급물살을 타고 고도롱 땡땡
뺏어 든 햇살 앞에 턱 고이고 고도롱 땡땡

까먹던 군고구마 입가가 시커먼스
그래도 즐거운 우리는 고도롱 땡땡

지난 추억에 눈 흘기고 입을 삐죽거리며
새초롬에 나이를 잊은 우리는 고도롱 땡땡

처마 밑에 매달린 고드름 떼어 들고
이가 부서져라 와사삭 고도롱 땡땡

아름다운 소리들에 고개를 돌리게 만드는
그 시절 그 시간들 아 고도롱 땡땡

양말 가게 사장님

걱정 한 덩어리

눈물 한 덩어리

둘둘 말아쥔

아린 추위 속에

떠오르는 얼굴 하나가 있다

근심 어린 눈빛엔 마음이 있고

타들어가는 입술엔 애타는 노래가 외줄을 타고

비어 있는 손놀림엔 심한 고독감이

잡힐 듯 말 듯한

환갑 지난 예의를 갖추려고 애를 쓰고

장사치의 수단은 법원에 넘겨

심판대에 올림을 다하고

있는 정성 없는 정성 대찬 내 가슴을 휘어잡는다

어이할꼬
시키지 않은 저 어른의 자존심 잃은 손바닥의 절규
어이할꼬
바라지 않은 눈동자의 사무친 그리움

이미 다한 마음에 돌아보지 못한
장사치의 첫사랑 하나가
산소 호흡기에 숨을 몰아쉬고

마침표 찍은 숙제에
쌓아둔 덜렁거림으로
공식 하나가 부호를 잃어버려

이것저것 가져다 붙여도 대화에 불응하고

또다시 시작된 흰머리 어리광에

마지막 인사가 인내에 대기 중인 것을

왜 몰랐을까

장사치의 눈먼 삼 년 지기 사랑을

왜 몰랐을까

손 빌어 마음 빌어 다한

상도덕의 예를 잃은 사랑을

동무 생각 그리워

동무야 내 동무야
금지된 이름에 삭발을 당한 적이 있었더냐
내 그리운 동무야
너의 어깨 감싸며 놀았던 어제가 거짓말 같아
헤엄치듯 시간 속을 뒤져보아도

소리는 금물
흔적은 천연기념물
시간은 새침데기
각자의 고립에 묶여
노랫소리 음을 잃고
번지수는 뿔뿔이 흩어져
눈도장에 장부도 사라지고

동무야 내 동무야

온 김 묻어나던 밥 한 술에 겨운 정도

매정한 시간에 매달려 허기진 배를 움켜쥐며

뜨거운 밥 한 술에 올려놓던 웃음소리도

모두 다 모두 다 거짓인 양

헛배 부른 수저질엔 안부도 눈물겹고

대기 중인 핸드폰은 인내가 미덕인 양

수절하는 과부의 침묵을 떠 받들고

손길을 거부한다

동무야 정겹던 내 동무야

시간살이 매정해 동장군에 얼어붙어도

햇살이 열받아 지난봄은 다시 오리란 걸 알기에

그때 우리 흩어진 정을 쓸어모아

꼭이나 다시나 만나기로 함세나

동무야 사랑하는 내 동무야

무심길에 약속 없어 매정타 말고

고운 햇살받이 손꼽아 기다려

다시금 그 봄에 꼭이나 보기로 함세나

그립고 그리운 내 동무야

해보자

우리 멋진 악수를 하자
너는 너의 멋에 겨워
나는 나의 흥에 겨워

우리 멋진 포옹을 해보자
너의 가슴이 따뜻하여
나의 가슴을 데워주고
너의 부드러운 미소에
나는 길들여 간다

우리 사랑하자
오랜 외면을 용서하고
너처럼 나처럼
서로를 길들여 가자

나는 왜 너를

너는 왜 나를

우린 서로를 사랑할 줄 몰랐을까

왜 예쁜 너를 두고

나는 한눈만 팔아먹었을까

왜 예쁜 나를 두고

너는 멀리멀리 돌아만 다녔었니

낯설고 거치른 이 땅 위에

이제 우리 멋진 악수로 멋진 포옹으로

서로만 사랑하며 살아보기로 하자

가슴 벅차고 넓은 포부에

시름시름 앓아가는 이 좁은 세상

가엾다 애처로워 눈길도 주지 말고

우리도 이적지 못해본 뜨겁게 이기적인

사랑을 한 번 해보도록 하자

내 안에 너를 위해

너 안에 나를 위해

우리 후회 없는 사랑을 해보자

늦은 약속 길에

햇빛이 나를 거느린다

쪽수에 등치 값을 한다

보폭의 서두름을 도우며 걸음이 차다

달리는 물건이 법원에 연행되어 갈

내 어김의 서약서에 지장을 찍어주고

그의 몸속에서 내뱉는 열기는 잠시의 소란된

내 약점을 숙청해 잠재우며

이혼 도장 찍고 나온 남녀의 갈림길에

반감을 산다

길 건너에선 뼈대 없는 풍선이 춤을 춘다

부리는 여유가 일 초의 위기를 노린다

위기의 일 초를 낚아챈 핸드폰의 자행

울린다

핸드폰이 울린다

묻는다

어디쯤이냐고

답한다

다 왔노라고

벗이여

나를 사랑해 주어 고맙고 감사한 이

그대 이름 벗인가 보오

나를 격려해 주어 힘을 주는 이

고마운 이름 벗인가 하오

잔뜩 멋을 껴 입고도

자랑이 엷은 미소로 끝내니

겸손한 그대 이름 벗이었음을 알았구려

깊은 칭찬에 소란을 잠재우고

넓은 배려에 차분한 웃음 되찾아주니

이제야 그대 이름 향기로운

벗이라 하였습니다

따뜻한 물에 손을 씻어

그 따뜻함이 온몸에 전해옴을 느끼는

벗이라 하여

그대 이름 내 손바닥에 올려놓아

감사의 인사를 하고 싶습니다

모진 한파에

듬성듬성 이가 빠진 개구쟁이

강추위도 마다 않고 호기심 어린 눈빛으로

나를 쏘아보고 있다

며칠 전 내린 눈은 깐깐이 얼어붙어

개구진 얼굴에 덕지덕지 달라붙고

포근한 가슴으로 불러도 대꾸가 없다

내 한 걸음에 그 녀석 눈빛은 윤기가 흐르고

내 손 한 번의 밥벌이 손놀림에

그 녀석 눈빛에 생기가 돈다

내 바쁜 한나절에

그 녀석은 서두르는 일기를 쏟다

일주일에 한 번 보는 그 녀석이

오늘은 표정이 없다

왜 그럴까

아 지독한 한파에 붙어버린 입

머리는 쭈뼛쭈뼛 초점 없는 눈

그 녀석이 얼어 죽었다

연락도 없이 소식도 없이 그 녀석이 죽어버렸다

그 녀석이 그 녀석이

가위 바위 보 사랑

주먹을 펴 보아 사랑이 하나 들었어요
다시 주먹을 쥐고

이번엔 가위를 내밀어
손끝이 당신을 향하고 있어요

다시 또 주먹을 쥐고
손바닥을 펴 보니 사랑이 수줍어
얼굴이 빨개요

가위 바위 보
사랑 하나가 만들어졌어요

가위 바위 보

사랑 하나가 꿈을 꾸며 행복해 해요

가위 바위 보

당신도 같이 사랑을 만들어보면 어떨까요

가위로 잘라내려는 사랑

바위로 내리치려는 사랑

보자기로 자기 식대로 싸 버리려고 하지 말고

가위 바위 보

새로운 예쁜 사랑을 해 보면 어떨까요

과거로 가려 하지 마라

두꺼운 차 한 모금으로 무거운 환영을 한다

누군가의 어두운 기대감 때문일까

철철이 흐른 정 때문일까

정들지 않은 꼬아 낀 팔짱에 고여드는 의문점

나의 두뇌에 감정신을 건드리고

익숙한 발놀림에 반사 운동에 의한

신경을 전달한다

재빠른 외면

자릿세를 배로 올려주면

등살에 구차함을 벗어날까

달래고 얼래면 부드러운 수양이 가해질까

싸늘한 시신 놀이에

나는 고개를 돌릴 수가 없다

등짝이 시려온다

바쁜 눈빛은 혀를 깨문다

통증을 놀려댈 사이가 없다

존재감 뜻깊은 자세에

새로운 사연 하나 선물로 드리우니

정성된 싸움에 내일을 열어보려 한다

사랑아

사랑아 사랑아

고운 소리로 너를 불러주면

너는 나에게 무엇을 주려느냐

흰 눈 말아쥐고 와서 내밀려느냐

묵은 향기 끌어안고 침묵하는

밤을 내 놓으려느냐

길가에 들꽃 그 이파리에도 거부당한

남의 담장 아래 얼어붙은 겨울 낙엽에도 없는

차디찬 사연 쪼가리로 내밀려느냐

웃음소리에 치고받아 밀려난

한 포기 미련둥이로 남아

소매춤 끌어 물고 투덜대며 오려느냐

새끼 친 가련함으로 여흥도 못 즐기는
타령에 목줄 매며 끼인 때소리로
엉겨 붙는 초췌함을 내밀려느냐

사랑아 사랑아
우리 다시 만나는 머언 날에
입김을 등에 업고 호호 달래는 날에
눈 감고 잠드는 편안함으로
나 안겨드는 내 맡김으로
너를 안아 뒹굴어 보려 함이 다인 것을
무엇을 받으려 함이 있겠느냐
내 사랑아

기다려서 보았습니다

안쓰럽게 바라보는 햇살이 있습니다
나를 안쓰럽다 바라보는
애처로운 햇살이 있습니다

따스하고 온화한 햇살이 있습니다
포근한 햇살 하나 만들려고
자연의 모진 고문을 다 부대끼고
겪으며 태어난 고통의 아비였을 텐데
그냥 두어도 무방할 것을

지나가는 구름이 시비를 걸고 투정을 부려
온화한 인상에 흠집을 그어놓고
순간의 간사한 그 이름은
햇살을 피하고 눈을 가리며

현명한 변명을 합니다

사랑한다 사랑한다 찬란한 숨결을 틀어막고

웃어도 좋을 넥타이에 목을 조르며

신 끼우는 양말엔 습기가 흐르고

그래도 사랑한다 힘에 겨운

안쓰러운 햇살 하나가 있습니다

바람을 끌어안으며

볼에 엉겨 붙는 시린 바람 달래며
너 그러지 마라 타일러본다

서투른 몸짓으로 끌어 붙는 거친 바람 달래며
그래 그랬구나 어루만져 본다

상처 입은 몸 부벼대며 달라붙는 바람 달래며
많이도 애썼구나 깊은 포옹을 해본다

아이처럼 칭얼대는 바람 달래며
어디 보자 무엇을 주랴
다독거리는 정 주기를 해 본다

고추 당추 매운 시집살이 바람 달래며

장하구나, 대견하구나 억센 손 문지르며

무게 실린 위로를 건네본다

소중한 사랑

먹먹한 하늘가에

햇살이 한 자락 드리우니

그리하여 나는 웃었도다

모진 쓸쓸함에

따뜻한 손길 하나 있었으니

그로 인해 나는 행복함을 알았도다

버거운 시간 앞에 무릎을 꿇고

쓰리고 아린 눈물을 가슴에 누르고 씹으면서

예쁘게 커가는 나를 보며

굳세게 버텨온

눈물로 다져온

인내로 숨겨온

절개의 사랑이

나 오늘 아름다움이라 말하였도다

내 가슴속에

님에게

이제는 가라 하시는 님의 말씀은
허함이 공유하시는 가슴팍이 시리시고
냉정하게 돌아가는 고갯길엔
벌써부터 타인들의 서두름이 성급하며

가는 이 눈물이요 오는 이 설렘인지라
이치는 반복의 옷을 입고 살거늘
님의 감추어진 눈길을 파고들려는
어린 소인 이제껏도 감추는 법을 몰라
눈시울을 뜨겁게 적시고 맙니다

님이시여 님이시여
오늘의 저가 내일의 웃음보를 달고 다니거들랑
애처로운 혀를 내두르시고

그때에 너가 그리하였더냐

용서를 구하옵니다

하늘만 아는 소리

떨거지 가슴소리 바람만 알아

이리 치고 저리 치어 상처만 깊게 패이고

아픔이 쌓여가면 그것이 당연한 것인 양

그저 웃습니다

횅한 가슴에 아린 소리

저 하늘 별들만 알아

하나둘 옹기종기 모여들어

내 가슴에 한 아름 빛을 쏘아줍니다

내 깊은 마음의 소리

저 넓고 넓은 하늘만 알아

떠날 줄 모르고 그 자리에 그냥 머물러

시간이 오고 감에 지체도 모르고

동무인 양 벗인 양

한결같은 눈빛으로 바라만 봅니다

웃는 소리 우는 소리 화난 소리 삐진 소리

다 들어가면서 온갖 소리에 대꾸도 없이

어미를 닮고 아비를 닮아

그렇게 제 곁에 늘 있었음을

아 나는 이 순간에 알았습니다

참고 참다 내 대신 한 번씩 시름으로 울어주고

심심할까봐 한 번씩 눈이 내려

소설 속 이야기도 되어주고

바람을 몰고 와 화려한 춤쇼에

가끔은 남의 나뭇가지를

날리기도 하고 부러뜨리기도 하지만

강한 의지를 보여주고 싶었나 봅니다

따뜻한 드넓은 가슴에 내 오늘 얼굴을 파묻으며

이 깊고 깊은 밤 곱게 아가 잠을 청해 보렵니다

설경 속 기차 (1)

눈 쌓인 산등성이 허리춤에

끼고 도는 기차 한 줄

맑은 개울물 투명한 그림자에

기차는 두 줄이 되어 달린다

하얀 연기 뭉실뭉실 내 뿜으니

이내 하늘 저편엔 구름 동화가

이야기 마을을 만들어 내고

웃음 잔치가 열린다

지난 시절 어린 아이들의 사기를 드높인

장난감 병정들의 기사도가 희생되어 마을을

지키고 잔잔한 개울물 한몫 거들고 나서니

구름 마을에도 시냇물이 따라 흐르고 있네

설경 속 기차 (2)

기차 한 대가 착착
과묵한 저음의 몸매로
가지런한 행진을 하고

님 가시는 길이면 어디든
함께하리란 다짐으로
말을 아끼면서 개울물이
차분히 따라 흐른다

하얀 밍크코트를 잔뜩 걸친
숲이 융숭히 얼굴을 가리고
산허리 그림자는
떠나는 님
배웅을 나서건만

가지런하던 님 뒷모습은

가도 가도 끝나지 아니한 연속에

설움만 겹겹이 쌓여

이 설움 어이 달래고 가시라고

그리도 길게 그리도 오래 끌고만 가신다

새벽 일기

진땀 나는 새벽

소홀한 내 몸엔 열이 오르고

미안타 한마디로 허락을 구해

뜨거운 차를 준비해준다

누군가 선물로 주었던 매실차에

몸과 마음을 다해 정성껏 한 모금씩 마시며

그분의 온기를 느껴가며

감사한 마음을 꿈길에 전해본다

어제 눈을 치우느라고

너무 씩씩한 척을 한 것 같다

머리에 종이 울리고

내 몸은 시베리아 벌판을 끌어안고 있다

오늘 누군가 눈을 치우느라

나 같은 증상으로 시달리는

사람이 생기지 않았을까?

아침 출근길에 꼭 따끈한 쌍화탕이라도

챙겨 드시길 바란다

고요한 새벽에 글을 쓰는 기분

고요한 새벽과 마주 대하고 있는 이 기분이

참 좋아서 그냥 보낼 수가 없어서

억지 춘향격으로 내 몸에 실례를 구했다

어디선가 묻어오는 인적은

백열등의 숨은 공로를 위로하고

그의 고단함을 백치 아다다의 서러운 삶으로

웃음에 달고 다닌 눈물 자락의 고락에
뜨거운 포옹을 해준다

그랬구나
내가 너무 이기적이었구나
내가 너무 내 맘대로 밤을 팔아먹었구나
역행에 어긋나는 길을 걸어왔구나

그럼에도 불구하고 어찌하랴
너의 길과 나의 길이 다르지 아니하면
우리 같이 손이라도 잡으면서
더 많이 춥지 아니하게
이 새벽길을 같이 걸어나 가 보자꾸나

삶이 힘드셨나요

그리고 하나 둘 셋 쉿

우리 질문은 하지 말기로 해요

심호흡을 해 보는 게 어떨까요

다시 눈을 감아보아요

하나 둘 셋

가슴을 펴고 마음을 가다듬으면서

한 주가 끝나는 밤입니다.

다시 숨을 들이마시고 내쉬어 보아요

어때요 편안하신가요

그대로 눈앞에

살면서 한 번쯤 누군가

보고 싶었던 이가 생각난다면

살며시 눈앞에 불러와 보시면 어떨까요

내 눈 속에 그 님이 와 주신다면

매서운 추위쯤 따뜻하게 녹여주지 않을까요

지친 삶에 향수를 뿌려주지 않을까요

자 호흡을 정리하면서 눈을 떠 볼까요

다녀간 그분이 보이셨나요

지친 삶에 고단한 한숨에

힘을 내라고 하시던가요

기왕 오신 길에 꿈속에도

들렀다 가시라 전하여 보세요

황폐해진 기억의 골짜기에

따가운 외로움이 싫다면

그분도 곱게 쉬어 가시리라 믿고 싶습니다

우리네 삶이 길지도 않거늘 멀지도 않거늘

고단한 삶 속에 염색되어진 그리운 향수 하나

품어 가 보면 어떠할까요

반갑다 친구야

동무들이 옹기종기 나이를 까먹고

동무들이 옹기종기 웃음 놀이가 즐겁다

식당 구석 손님 잃은 자리 활기를 띠고

오랜만에 그리운 얼굴은 보고팠던 양보가 바쁘다

지나간 실수가 너를 향해 삐져간들

우리의 대화는 화해가 필요찮고

정리 정돈의 기법도 모른 채

어제의 너를 묻고 오늘의 나를 말한다

미주알 고주알 인사법은

숨이 채 가시기도 전에

손발의 통역이 오가고

덩달아 음료수 잔이 숨 가쁘네

식사가 발이 타고 가스 불이 춤을 추고

공깃밥 추가는 기본기 실력으로

예전의 다진 정에 수다가 열을 올린다

선생님 흉은 한 수저 심판대에서 정이 간지럽고

넘치는 제자 사랑에 판정승으로 게임이 끝나면

또다시 밥상이 웃음으로 무게가 들썩거린다

보고 살자

만나고 살자

구호를 외치며 굳은 결의를 다진 오늘 밤

친구야 만나서 반가웠다

교무실

물때 만난 수산시장

경매장 판 서리

울고 웃는 사연 몰아

상담이 진행된다

시험지 날리고

전화통 불티나며

식사 시간 야시장

밥상이 바쁘다

오고 가는 눈길엔

질문이 부산하고

가끔은 정실부인 모셔놓은

침묵이 엄숙하다

어르신 불호령에

아이들 단속은 가슴속 활화산

무절제의 환호성에

칼날을 드리우고

윤리와 국어는

일사후퇴로

이민을 떠나고

오늘도 선생님은

날으는 슈퍼맨

스파이더맨

로봇 태권 브이

원더우먼 같다

2월 1일

공기가 튀어 올라 내 볼에 튕기고
아침이 신선함에 세수를 한다
고독한 영웅의 뒷모습은 찾을 길 없고
떨구고 간 미련의 잿더미도 흔적이 없다

코끝에 와닿는 오전의 이슬방울
서두름을 부산하게 칭찬해 주고
기억이 희미한 아침의 길을 걷고 있다

동산길 콧노래가 미천하던 생물 시간
돌아봄에 언저리 잔여감 위로를 해 주고
힘내라 응원의 볼기짝을 두드린다

가벼운 동네 눈인사가 그리움에 잠시

언덕길 숨찬 행로에 행복감이 가득

볼 수 없는 사랑에 마음은 믿음으로 새겨두고

바쁜 발걸음은 자랑으로 남겨두고

다녀간 자리는 정으로 메꾸어 둔다

잘 있거라 나의 학교여

고자질

들썩거리던 지구가 잠잠해졌어요

춤추던 산천이 고요히 자리를 잡고

햇살도 애매한 표정을 감추고

나는 지금 배가 아파요

명절 증후군에 시달려

너무 많은 음식을 먹었나 봐요

배가 너무 아파요

편안한 사랑도

너무 많이 먹었나 봐요

행복한 전화에 붉어진 얼굴이

오가는 문자에 흐뭇한 미소가

명절에 만난 화목한 가족의 모습이

모두가 사랑이어서

난 지금 너무 배가 아파요

약이 필요한데 무슨 약을 먹어야 할지

혼자서 웃고만 있어요

오늘은 하나도 심심하지가 않아요

강아지도 옆에서 늘어진 잠을 자구요

한가한 휴식을 즐기고 있어요

명절의 진풍경

명절 속엔 흩어진 가족이 모여든다

여기저기 기계의 소음

핸드폰이 자랑스레 울려대고

질문과 대답은 문법을 초월하며

인정되지 않은 형용사가 등장하고

사차원의 웃음소리가 문지방을 넘나든다

시간 개념 절간의 수도승 염불에 예를 바치며

묵은 숨바꼭질 주방의 수저가

호들갑을 떨며 숨 가쁘게

예전에 없던 핸드폰의 각양각색

한시의 전시관을 방불케 하며

떳떳한 소음으로 한자리 차지하고 나선다

급하게 주고받는 안부의 전달식은

다양한 선물이 곁들이로 화려한 몸치장

눈길 몰이에 한몫을 한다

쉴 새 없는 여담에 각지의 미궁에 빠진

사건 하나가 시원스레 종결될 것 같고

또 하나의 사건을 만들어 내기도 한다

한쪽을 보면 놀이방

또 한쪽을 바라보면 노인정

다른 한쪽에선 젊은이들의 가족 미팅이 해프닝

웃음은 유례없는 사상 초유를 이루고

절도의 침묵은 떠나온 고향으로

유배를 보내 향수를 지키라 엄명을 내린다

벙어리 삼룡이의 소식이 궁금하다

백치 아다다의 서글픔은 이 명절을

어디서 달래고 있을까

훈훈한 가족사의 한 페이지를 남기는 주인공은

어미의 손을 잡고 틀어막은 하소연에

눈시울이 뜨겁고

시퍼런 지폐에 말문이 막힌다

8월 12일 월요일

웃음이 바삭거리는 숲은

매우도 명랑하여

흐린 분홍빛 꽃잎조차

애쓰는 자국을 드러냅니다

어엽기도 하거니와

어엽기도 하옵는

물 젖은 숲은 물방울 주고 받으며

여러 개 수다가 시원도 합니다

내 걸음을 멈추었지요

가야 하는 길 위에 그냥 두었지요

둔한 귀를 열어

얌체다운 아침을 모두 챙기어 보았습니다

삶의 현장에서

그녀가 없다

아름다운 그녀가 없다

춤추는 선홍색 미소가 사라졌다

나의 염원은

나의 사랑은

곧은 자세의 침묵으로

어쩌다 다가오는 바람결에 흔들릴 뿐

내 표정이 아둔하다

멋없는 두 눈은 사리판단만 빨라질 뿐

늘어지게 달콤한 젤리가 혀를 자극해 와도

이별을 외워버린 나의 두뇌는

쓸데없는 맛을 받아들이려 하지 않는다

그녀가 없다

문이 열려 있다

그러나 아름다운 그녀는 보이지 않는다

화려한 드레스는 어두운 구석에서 고개 숙이고

그녀의 행방은 탁한 집 안 공기에 묻혀버렸다

나의 휴일

아침의 거리가 바쁘다

분주히 오가는 사람들의 걸음 속에

나는 뜨거운 커피 한 잔으로

토막처럼 골목길에 앉았다

건너편 중학교의 교문 옆 철망 아래

든든히도 자리 잡은 우거진 나무 위에선

무엇이 왔는지 간 겐지

또는 남아 있는지

수많은 질문들이 생겨난다

핸드폰을 꺼내어 든다

반가운 목소리에 문을 두드리며

잠시의 안부를 청한다

바람이 분다

노련한 장사꾼의 입담으로 다가오는 바람이

그러나 참 반갑다

심청이 아버지의 지팡이에 머무르는 내 아침이

참 반갑다

사진 속의 여인

낙엽이 쌓여 있는 흙빛 고목 옆에

한 여인이 서 있다

그런데 참 다행이다

그 뒤쪽으로 나뭇잎이 노랗다

또 다른 나뭇잎은 초록색

그녀가 웃는다

쓸쓸한 건 내 마음이요

슬픔도 내 마음이어서

사진 속의 여인은 행복하게 웃고 있다

학교야 학교야

시간은 점점 멀어져만 가는데

내 기억은 점점 더 늘어져 붙는다

시간은 날개를 달았고

내 기억은 걸음마를 벗어나지 못한다

겨우겨우 아장아장

떼어내는 한 걸음이 버거워

어쩌다 한마디 새어 나가면

넘어진 아이처럼 울음이 터진다

학교야 학교야

숨통 조이는 여름 고통에도

너는 덤덤히 말이 없구나

누구를 닮아 무엇을 닮아

사계절 해 지는 쓸쓸한 뒤안길에서도

오후 4시의 침묵을 가슴으로 삼키고 마는구나

나비야

나비야 날아라

훨훨 날아라

어여쁜 너의 모습

고웁기도 하려니와

이 내 몸은 무거워

너를 따를 수가 없음이

못내 아쉽고도 아쉬워

수많은 빗줄기가 되어 내리는구나

나비야

나비야

어여쁜 나비야

이 넓은 세상

가벼운 날개로

힘차게 힘차게 저어가서

높이 높이 저 멀리로

나아가 보려무나

높은 곳 맑은 공기

네 가슴에 가득가득 담아서

새처럼 달처럼 그렇게 높이 날아보렴

사랑아 사랑아

커피를 저어간다

또 한 잔

서두름을 저만치 삼가한 채

맥심 커피믹스

아니 오늘은 모카라떼

뜨거움보다는

어느 사이 따사로움

붙잡은 컵의 손잡이가 편안하다

옆 사이에 슬며시

화초잎이 저 있다 함을 내미는

자랑치 아니함이

도려내는 아픔이라 하고픈 것은

오늘은 그러하지 않아도 될 것을

따사로운 커피가 있노니

오랜 날에 어느 날에

불러 자리했던 여친의 동행

지금 동거를 시작한다

풋내기 그 사랑을 일구면서

눈꽃

너를 만지다 보니 나였음은
아 착각이었네
너를 만지다 보니 나였음은
아 또 혼돈이었네

너를 만지다 보면 나이기를 바란다
네 가슴에 안겨 있고 싶음은 나의 바람이었다
손끝에서 춤추는 울렁거림
소원하는 바 너이기에

애써 나를 감춘다
웃는 나를 내보낸다

우정의 동거법

웃음 더하기 눈물 더하기는
제로에 가까운 치매

겨드랑이 밑에서
발뒤꿈치에서
굳어가는 살 껍질이 일어나고
말라가는 전해질에 영양분이 가미된다

인정머리 없던 손길이
예의 동양미에 앞장서 가고
앞다투는 눈길이 서로를 반긴다

너 하나 나 하나 더하기로
묶음은 덩치가 커가는 밤을 밝히고

새벽의 기찬 소리에

사랑의 우정은 새알을 낳는다

밤길을 산책하며

소생의 찬사로움

흐느끼는 적빛

내 안의 붉은 포도주를 따른다

이미 익혀놓은

적의 동행을 따돌리려

하늘에 대고 나는 호흡한다

달바라기

그리운 사랑이 간다

가슴에 천막을 닫고 벽을 친다

없는 소리를 두드리랴

너의 귓전은 고요할 터 내 가슴을 보낸다

9월 18일 수요일

누군가는 빨리

누군가는 급히

또 누군가는 여유롭게

그대 웃음이 답해놓은 뒷마당은

그렇게 여러 갈래 문자가 나뉘어진다

섭섭잖은 표정에서

단정되듯 흘러나오는 시선

혹은 시원스레 미소가

나지막한 포복을 가로채어 가기도 하고

제각기의 서술을 논한다

돌아서야 할 때

군침 도는 단것을 훔쳐 먹으려는 듯

세상에 발을 들이밀려

내 집에서 빼 내어가는

일상의 탈환을 한다

꽃 (1)

피었네

피었네

아가 웃음 달고

엄마 미소 달고

꽃이 피었네

아플까 찔려오는 가시는 떼어내고

피었네

피었네

꽃이 피었네

함박웃음 가득 달고

꽃이 피었네

아가 꽃 소담스레 웃음이 퍼지면

엄마 꽃 아가 따라 사뿐히 밟아 가시오며

내 아가 콧노래

눈망울 굴리는 소리에

엄마 꽃은 함박웃음

크게도 지어내시네

꽃 (2)

코를 찌르는 네 향기는

무얼 먹고 태어났더뇨

무에 그리움이 가득이나 베어 물어

터져 나온 설움을 쏟아내는 게인지

내 길이 바쁜 터이거늘

너는 게 서서

이 다리를 잡아 어찌할 참이며

내 첫술에 상한 밥 끼니를 원치 아니하면

동트는 아침 해를

고개 들어 보려무나

어젯날에 쓰리던 속앓이

새벽녘 안개비에 흘려보내고

고운 빛깔로만 꽃잎 위에 걸음 두어

님의 손길 급히도 오시옵게

단정한 향수를 뿌려보렴

短文

비가 내린다

바람이 분다

나는 선풍기 스위치를 누른다

날개가 돌아간다

바람이 나온다

참 시원하다

그대에게

울지 마요 그대여

눈물 나게 울지 마요 그대 사랑이여

하룻날에 그 시간은 짧기도 하여

우리 서로 진하게 마주한 시간도 없거늘

울지 마요 그대여

그 눈물에 주어질 시간을 만들지 마요

그대와 나

우리는 아직

서로서로 뜨겁게 잡아 본 손길이 없음이요

진한 포옹의 사연조차 만들지도 못하였거늘

슬픔은 아직

어제의 미소로 밀어두고

그대여 저기 저

몇 해 전 어느 시인이 하던 말처럼

까만 밤하늘

어둠은 쉬웁게 잊혀버리고

깨알처럼 반짝반짝 빛나는

우리들의 별동무만 헤어봅시다

그대 하나 나 하나

우리도 연인처럼 그렇게

눈물은 빼어두고

두 어깨 꼬옥 감싸고 별을 헤어봅시다

개천절

내가 움직이지 아니하면
세상은 마치도 고요하기가
높은 창공 위 같고
내가 먼저 시작하지 아니하면
남겨둘 것도 남겨질 것도 없다

눈을 뜨고 아직 창문을 열지 아니하였으며
매스컴의 힘을 빌리지도 아니하였고
부동자세의 내 마음을 정제시키고 있다

하늘은 맑기가 투명하기가
깊은 산속에 계곡물 흐르는 소리를 가져다주고
요란한 재채기 한 번으로 이부자리를 정리하며
내 하루를 열어보련다

서초동에 비둘기 한 쌍

건너편 건물 주방 밖

아슬아슬 좁다란 틈 위로

부자 동네에서 오동통 살이 오른

비둘기 한 쌍이 나란히 한 곳을 응시한 채

오전의 태양 빛을 모아 받으며

간밤의 고단함이 몰려든 둔한 몸을 쉬이고 있다

한 마리는 서서 한 마리는 앉은 채

둥그스름 그림처럼 정다움이 가득하고

사랑도 쉬어가듯 내 얼굴로 미소가 건너온다

그리하여 그들은

고가의 내 시선을 한 떼에 잡고

좋았어라 흥취에 나는야 시를 쓴다

차 한 잔의 연서

당신을 두 손으로 꼬옥 잡아봅니다
볼에도 사알짝 대어보구요
참 좋군요
하나도 차갑지 않아요
하나도 슬프지 않아요
전혀 손이 시리지도 않아요
상처 난 손끝이 아리지도 않구요
당신은 정말 따뜻해서 참 좋아요

비를 따라 내 눈물이 흐르면
당신은 포근한 미소로 다가와서
내 눈물을 지워주고 간답니다
지금 비가 내리고 있어요
차갑게 내리거든요

그래도 난 춥지 않아요

방법을 알았거든요

당신을 두 손으로 이렇게 꼭 잡고 있으면

이젠 하나도 춥지 않아요

미안해요

그런데 당신이 식어가고 있어요

당신이 식어버리면

난 다시 추워질 거구요

다시 울지도 몰라요

그래서 얼른 뜨겁게 데워 올게요

그리고 당신을 위해

이젠 식기 전에 찻잔을 비우겠어요

내 사랑 안녕

엄마야 누나야 강변 살자

어머니

내 어머니

나의 어머니는

오늘도 나의 손끝에서만 살다 가신다

밥 따시게 먹어라

다정한 말씀은 내 마음이 만들어 놓고

수북이 쌓아 올린 공깃밥은

내 손으로 담아두며

고운 볼에 얼굴을 비비고

얼싸 안기운 젖내 나는 아가 모습도

그저 내 가슴에 그려간 그림일 뿐

삶의 현장에서 분주함을 닦아가는

내 손끝에 거하실 뿐이다

한 번쯤은 저 푸르른 들판에서

고운 아가 아장아장 걸어가는 모습으로

한 번쯤은 엄마야가 재워주는 단잠 속에서

사라질 엄마야를 걱정하지 아니한 채

잠들어 보고 싶다

향수

저기 떠나는 저 배는

쉬이도 못 갈 터

밀어 본들

한자에 울음만 머금고

커다란 덩치는

구부정 어이도 못하네

밀지도 마소

가야 할 때

아니 가진 못할진대

무에 힘은 서둘러

진을 빼오

간다 간다 산을 돌고 강을 지나

머나먼 수천 리 타향을 간다마는

가벼이도 단숨에 떠오는 그리움은

어이하면 좋을 겐지

알 길이 없소

기억에 우는 파랑새

여인아

여인아

봄날의 신호음에

이슬 내려 낯을 닦은

꽃봉오리 향기 따라 날아와

너의 거처를 정하여

살아갔던 지난날에

발길을 들이밀어

오늘은 웃음을 내어 오고

눈물을 그려가며

수시로 들락거렸던

건망증도 정리를 하여가며

네 것인 양

내 것인 양

가지며 싸웠던 날들의

투박하던 만학도 전설을

깜짝 놀라 고개 들던

파란 하늘이 어찌도 시원함에

나도 따라 청신호를

불러보았다

한 잔 술에

민폐의 그리움에
떨구어 우는 여인네여
알싸한 내 곁엔
꽃봉오리 피어오르네

가만히 듣자 하니
소쩍새 울어 간 날에
계집아이 정 살이가
더부룩한 가슴 끝에 얽매이고

배앓이 수천 번은
뻣뻣한 인정에
표정이 곧아가서
말 없음이 선처로다

어이할꼬

차고 넘친 술잔이 위태로워

기우는 저녁놀은

회색 그리움에 웅크리니

가잖다 내미는 손끝이 옹색하네

오늘 커피 맛은

오늘 저의 커피 맛은
참 싱거웠습니다
다녀간 이가 없어서
찾는 사람이 없어서
머릿속엔 투명한 물집이 생겼어요

핸드폰에서 울리는 벨 소리는
순자네 집 아니냐구 물었고요
쌀가게 영자네 아부지가
오데에 계시냐구
다짜고짜 시비만 걸어왔어요

날씨도 참 차갑던데
기다리는 님의 목소리는

들리지도 아니하던데

어제 내린 눈은

신고식도 끝나기 전 흔적 없이 녹아내리고

이른 귀갓길에

맥없이 찬물에 밥 말아 먹은

밥알이 가슴에서 뱅뱅 돌고

마음 한구석 데워 보려

뜨거운 커피 한 잔은

일 분의 타임에

날파리가 먼저 들어가

온탕욕을 즐기고 말았습니다

이웃집 모세 (1)

내가 당신을 부르던 날

힘없던 당신의 음성이

내 가슴으로 다가와 기대었소

어쩌면 기다렸노라

지체 아니함의 반가운 응대

내 가슴의 아름다운 글귀가 살아났소

이제야 불렀구려

이제야 돌아왔구려

머슴의 등에 서러웠던 초가살이

내가 당신을 불러

당신이 나를 불러

이제야 우리가 떨어진 손을 잡는구려

그대여

사랑이여

내가 사랑하는 이여

이제는 내 곁에 당신을 두어

멀리도 떠나가지 아니하게 두어

내가 당신 손을 꼭 잡아가려 한다오

이웃집 모세 (2)

내 가슴속 깊은 곳에서 빛나는 별

그대라는 별이 빛나고 있습니다

희미하게 꺼지기도 하고

다시금 살아서 빛을 발하기도 하는

결코 지지 않는

그리움의 이름으로 살아가는

작지만 유난히 빛나는 사랑의 별

그대의 별이 살아갑니다

내가 그녀를 뜨겁게 감싸 안으면

가슴속 작은 별도 뜨겁게 달아올라

시리게 추운 날의 이별조차도

목젖 앞에서 불타는 별

식지 않는 별이 되어

뜨거운 열꽃으로 살아가는

내 가슴속에 빛나는 별이 하나 있습니다

그리운 이여

가네 가네

내가 가네

그리운 이에게로

내가 가네

가네 가네

떠나가네

그대가 가네

세상 끝이 멀다 한들

이제는 그대가 떠나간

그 길만 하리오

한 날에

그리운 날에

그대 앞에서 내가

소리 큰 웃음을 띄운 적이 있었는지

힘겹게 힘겹게 말리지도 못할

소리 없는 눈물인지

힘겹게 힘겹게

한 줄기가 흐른다오

나 그대에게 보내는

마지막 인사는

기약도 없는 먼 날에 세워 두려 합니다

* 지금은 고인이 되신 학교 후배님께 드리는 시